FRANÇOIS MÉNARD

FRISON

Successivement professeur d'humanités à Angers
et professeur de droit à l'Université de Poitiers,

SES RELATIONS

ET SES PUBLICATIONS DE 1600 A 1623

PAR

Th. DUCROCQ

Professeur à la Faculté de droit de Paris,
Doyen honoraire de la Faculté de Poitiers,
Correspondant de l'Institut de France,
Ancien Président de la Société des Antiquaires de l'Ouest.

POITIERS

BLAIS, ROY ET Cie
IMPRIMEURS DE LA SOCIÉTÉ DES ANTIQUAIRES DE L'OUEST
7, RUE VICTOR-HUGO, 7

1892

FRANÇOIS MEINARD

FRISON

Successivement professeur d'humanités à Angers
et professeur de droit à l'Université de Poitiers,

SES RELATIONS

ET SES PUBLICATIONS DE 1600 A 1623

PAR

Th. DUCROCQ

Professeur à la Faculté de droit de Paris,
Doyen honoraire de la Faculté de Poitiers,
Correspondant de l'Institut de France,
Ancien Président de la Société des Antiquaires de l'Ouest.

POITIERS

BLAIS, ROY ET Cie

IMPRIMEURS DE LA SOCIÉTÉ DES ANTIQUAIRES DE L'OUEST

7, RUE VICTOR-HUGO, 7

1892

À Mr Léopold Delisle
hommage personnel
et témoignage de profonde
gratitude pour la Bibliothèque
nationale, sans laquelle ce
présent travail eut été
impossible, et où l'hospitalité est
si parfaite. Th. Ducrocq

FRANÇOIS MEINARD

FRISON

SUCCESSIVEMENT PROFESSEUR D'HUMANITÉS A ANGERS
ET PROFESSEUR DE DROIT A L'UNIVERSITÉ DE POITIERS.

SES RELATIONS

ET SES PUBLICATIONS DE 1600 A 1623.

Dans le courant de l'hiver 1890-1891, ma qualité de poitevin, bien connue de mes amis de Paris, m'a valu l'offre gracieuse d'une livraison de Revue publiée en Hollande, en langue hollandaise, et par suite fort peu répandue en France. Cette livraison contenait un article intitulé : « Fran- « ciscus Meinardus hoogleeraar in de rechten te Poitiers. » Malgré mon ignorance absolue de la langue néerlandaise, il ne me fut pas difficile de reconnaître un article consacré à un ancien professeur de l'École de droit de Poitiers du commencement du xvii° siècle, dont le nom est connu des membres de la Société des Antiquaires de l'Ouest.

Mais bien qu'il ait enseigné le droit à Poitiers, qu'il ait écrit et publié ses principaux ouvrages à Poitiers, et qu'avant d'habiter notre ville (ce que les historiens du Poitou ont généralement ignoré, Dreux du Radier tout le premier) il ait vécu, pendant dix ans au moins, dans le chef-lieu d'une province voisine, à Angers, où il avait également professé, François Meinard n'était ni Poitevin, ni Angevin, ni même Français d'origine.

L'origine étrangère de François Meinard explique et justifie que, de nos jours, à la fin de l'année 1890, une Revue hollandaise ait pu revendiquer à bon droit, comme sien, par sa naissance, cet ancien professeur d'Angers, puis de Poitiers, et consacrer à sa mémoire un intéressant article.

Dans chacun de ses ouvrages publiés à Poitiers, François Meinard a fait suivre son nom de sa qualité de « *Frisius* », avant son titre de « *Antecessor in Academiâ Pictaviensi* ». Ce mot *Frisius* a passé inaperçu des écrivains poitevins de notre temps. Nous verrons qu'il n'en fut pas de même des contemporains de François Meinard, qui cependant n'a jamais cessé, pendant toute la durée de son séjour à Poitiers, de 1610 jusqu'à sa mort, en 1623, de se qualifier ainsi sur ses publications : « Franciscus Meinardus *Frisius*, » François Meinard *Frison* ou *le Frison*.

Or la revue hollandaise à laquelle nous devons l'article consacré à sa mémoire est intitulée « de Vrize Fries », ce qui veut dire *Le libre Frison*. Son sous-titre est ainsi libellé : « Mengelingen vitgegeven door het Friesch Genootschap « van Geschied-Oudheid-en Taalkunde, » c'est-à-dire *Mélanges publiés par la Société Frisonne d'Archéologie, d'Histoire et de Philologie*. Ajoutons que l'article dont il s'agit est dans le tome XVII de ces Mélanges, 2ᵉ série, tome V, pages 427 à 435, et que cette Revue est publiée dans la Frise, à Leeuwarde, chez A. Meijer

Enfin l'auteur de l'article est M. Boeles, vice-président de
la Cour de justice de Leeuwarde. C'est donc bien une revendication, très légitime, par des Frisons du xixᵉ siècle, de
leur compatriote du commencement du xviiᵉ siècle, naturalisé français à l'Académie d'Angers, puis dans notre Université poitevine dont l'attraction n'a pas cessé de mériter
de s'exercer au loin.

J'ai pensé que la Société des Antiquaires de l'Ouest,
jalouse, comme l'est à bon droit pour les siens la Société
Frisonne, de contribuer à éclairer tous les points de l'histoire locale de notre vieux Poitou, serait heureuse de connaître la publication de la revue hollandaise *Le libre Frison*
sur notre ancien professeur de droit du commencement du
xviiᵉ siècle.

En conséquence, j'ai l'honneur de lui offrir la livraison de
cette revue contenant ledit article.

Toutefois, en raison de cette ignorance, regrettable mais
absolue, de la langue hollandaise, qui m'est commune probablement avec tous les membres français de la Société des
Antiquaires de l'Ouest, j'ai eu l'honneur de prier M. le
vice-président Boeles de vouloir bien m'adresser une traduction en langue française de son article. Il a bien voulu
déférer à ce désir. J'ai l'honneur de remettre aussi cette traduction à la Société des Antiquaires de l'Ouest. En ordonnant
son insertion, avec les lettres en langue latine qui le suivent,
en annexes du présent travail, dans ses Mémoires, la Société
des Antiquaires de l'Ouest joindrait ainsi ses remerciements
aux nôtres à l'adresse de M. Boeles.

On verra, en lisant son article, qu'aux choses connues
sur François Meinard il a ajouté sur sa jeunesse, sa famille,
les incidents qui ont suivi sa mort prématurée, des notions

que nul n'avait signalées avant lui et qui, appuyées de pièces
justificatives empruntées par nous à la revue hollandaise,
font connaître une amitié fidèle qui honore François Meinard, sa veuve et leurs enfants, en même temps que l'ami
lui-même qui se fit le défenseur des orphelins. M. Boeles
nous apprend que Meinard fit ses études au collège Saint-
Martin de Groningue avec Pierre Valens, cet ami fidèle, qui,
né lui-même dans la province de Groningue, devint professeur de langue grecque au Collège royal de Paris, au mo-
ment où François Meinard était professeur de droit à Poitiers. Il fait connaître avec détail, par les lettres de Pierre
Valens, les injustices contre lesquelles celui-ci dut lutter
pendant plusieurs années pour défendre la veuve et les enfants de son ami contre la spoliation tentée par les cohé-
ritiers restés dans la Frise. Il nous apprend ainsi ce que
mettait en doute Dreux du Radier : l'existence d'enfants
issus du mariage de François Meinard et de Jeanne
Irland.

L'intérêt que nous avons pris à cette lecture nous a donné
l'idée de rechercher par nous-même, sur la vie de
François Meinard, l'existence de ses enfants, ses relations,
et dans l'examen même de ses œuvres et des réfutations
que l'une d'elles a provoquées, les éléments d'une étude
plus complète que celles de Dreux du Radier et de ses
successeurs. Les intéressantes révélations de M. Boeles
montrent en effet qu'il y a place, après eux, pour des renseignements nouveaux et d'importantes rectifications; nous
ajoutons qu'il y a place aussi pour une critique plus rigou-
reuse. Cette revision est d'autant plus utile qu'elle intéresse
trois provinces de notre région de l'Ouest de la France, le
Poitou, l'Anjou et l'Angoumois, et en outre un pays étranger

et ami, la partie de la Hollande dont François Meinard est originaire.

Dreux du Radier (*Histoire littéraire du Poitou*, t. III, p. 264, et t. II, p. 241 de la réimpression) a consacré à François Meinard un assez long article qui, de même qu'il a eu le mérite d'être le premier (1754), n'a pas cessé de mériter d'être le point de départ de toute nouvelle étude sur ce professeur de notre ancienne Université. Les biographes qui ont suivi n'ont généralement fait que le reproduire, avec ses lacunes ou ses erreurs, ou le résumer. C'est ce qu'a fait notamment la *Biographie générale* de Firmin Didot, tome XXXIV, pages 911 et 912

Parmi nos écrivains poitevins qui, à la suite de Dreux du Radier, ont aussi parlé de François Meinard, je tiens à citer un homme de beaucoup de cœur et d'esprit que les membres les plus âgés, comme moi, de la Société des Antiquaires de l'Ouest ont seuls connu. C'est Charles Arnaud de la Ménardière qui, mort, il y a longtemps déjà, juge de paix du canton de Saint-Georges-les-Baillargeaux , aux portes de Poitiers, a mérité que son éloge funèbre fût prononcé par ce professeur illustre, conseiller général du canton, puis président du Conseil général, maire de Poitiers, écrivain d'un rare mérite, avocat de premier ordre, orateur parlementaire, député, sénateur, ministre, qui se nommait Olivier Bourbeau, et que la Société des Antiquaires de l'Ouest, comme la Faculté de droit, le Barreau et la Ville de Poitiers, comptent parmi leurs gloires les plus brillantes et les plus pures au XIXe siècle.

Charles Ménardière dans sa jeunesse, en 1845, avait fait, à la rentrée de la conférence des avocats stagiaires près la Cour d'appel de Poitiers, un discours justement remarqué, intitulé *Essai sur les jurisconsultes poitevins antérieurs au Code civil*. François Meinard y a trouvé sa place; mais dans un sujet si vaste l'ingénieux auteur de cet essai n'avait pu se livrer à des recherches et à une étude spéciales sur François Meinard et ses œuvres.

Nous en disons autant d'un autre intéressant discours prononcé à la rentrée de la même conférence du stage du Barreau de Poitiers, le 17 janvier 1863, et intitulé *Essai sur l'ancienne École de droit de Poitiers*, par notre autre parent et ami, M. Piet-Lataudrie (Duplessis), devenu plus tard vice-président du Tribunal de Saintes, puis bâtonnier de l'Ordre des avocats de Niort, et qui fut enlevé à l'estime de tous par une fin prématurée.

Dreux du Radier est resté jusqu'à ce jour le plus complet des biographes de François Meinard. Il fixe, à l'aide d'une épitaphe dont nous allons parler, sa naissance à l'année 1570, à Stelleinworf, dans la Frise, et sa mort au 1er mars 1623, à Poitiers, à l'âge de 53 ans.

Il signale ses trois ouvrages écrits et publiés à Poitiers, son fameux *Regicidium detestatum* de 1610, sa *Disputatio de juribus episcoporum* de 1612, et ses *Orationes legitimæ sive* δικαιολογίαι *tres* de 1615. A cet égard, les écrivains qui ont suivi, y compris M. le professeur G. de Wal (*De claris Frisiæ jurisconsultis*), auquel se réfère M. Boeles, n'ont rien dit qui n'eût été déjà constaté par Dreux du Radier. Il attribue même à François Meinard, en outre de ces trois publications poitevines, les notes jointes à la vie de Sainte-Radegonde, publiées en 1621 par Charles Pidoux; nous dirons pourquoi cette attribution nous paraît contestable. Dreux du Radier indique en outre les réfutations suscitées par le *Regicidium detestatum*. Il apprenait déjà qu'il avait épousé à Poitiers Jeanne Irland, la fille de son prédécesseur Bona-

venture Irland et la petite-fille de Robert Irland, qui,
pendant un siècle, avaient occupé la chaire dont héritait
Meinard. Il nous apprend ses difficultés avec son concur-
rent Rousseau, et enfin que Louis XIII le gratifia d'une
pension de mille livres, dont il ne jouit pas longtemps d'a-
près son épitaphe que Dreux du Radier a judicieusement
empruntée en 1749 à « un tableau peint en toile dans lequel
« il était représenté en robe et à genoux », dans l'ancienne
église de Saint-Cybard de Poitiers, où il était inhumé.

Ces parties de la biographie de François Meinard parais-
sent bien acquises à l'histoire ; nous n'avons trouvé dans
nos recherches à la Bibliothèque Nationale, dans les registres de l'état civil de Poitiers, dans la Bibliothèque de
Poitiers et d'autres villes, aucun élément d'une contes-
tation sur ces divers points.

Il en est autrement en ce qui concerne huit points qui
vont servir à diviser la suite de ce mémoire et faire l'objet
de huit paragraphes distincts. Ils seront relatifs : 1° à l'orthographe du nom de François Meinard; 2° à la première
partie de sa carrière comme professeur à Angers et à
ses relations avec Marin Liberge ; 3° à l'attribution qui
lui a été faite par Dreux du Radier d'une grande partie
des notes jointes à la vie de Sainte Radegonde par Charles
Pidoux; 4° aux trois éditions du *Regicidium detestatum* de
François Meinard; 5° à l'appréciation de cet ouvrage et des
protestations qu'il a suscitées; 6° à l'ensemble de l'œuvre de
Meinard et à sa situation sociale; 7° à l'existence d'enfants
issus du mariage de Meinard et de Jeanne Irland; et 8° aux
relations de Pierre Valens, professeur au Collège royal de
Paris, avec Meinard et sa famille, et aux autres relations,
nombreuses et illustres, de François Meinard à Poitiers.

§ 1ᵉʳ

ORTHOGRAPHE DU NOM DE FRANÇOIS MEINARD

Dreux du Radier orthographie inexactement le nom de notre auteur en l'appelant « *François Meynard* ». Il est vrai que, dans l'épitaphe par lui reproduite, le nom est orthographié de la même manière, avec un *y*, au lieu d'un *i*. C'est probablement, s'il l'a exactement recueillie, la cause de son erreur, d'autant plus excusable, dans ce cas, que l'épitaphe porte que c'est sa veuve qui a fait placer le tableau sur sa tombe. Ce n'en est pas moins une erreur certaine.

La *Biographie générale* de Firmin Didot va même plus loin dans cette voie ; elle donne les deux leçons suivantes « *Ménard* ou *Meynard* ». Elles ne sont exactes ni l'une ni l'autre.

Son nom était *Meinard*. Dans tous ceux de ses ouvrages que nous avons eus entre les mains, il est imprimé ainsi : *Franciscus Meinardus ;* et dans tous les actes de l'état civil nous l'avons trouvé écrit de la même manière.

Il est vrai que Charles Pidoux, dans une des notes de l'histoire de Sainte Radegonde ci-dessus mentionnée, l'appelle « *Monsieur Meynard* »; mais cette orthographe d'un contemporain ne saurait prévaloir contre celle que Meinard attribue lui-même à son propre nom dans ses ouvrages et dans sa signature relevée par nous sur de nombreux actes de l'état civil et notamment au pied des actes de baptême de ses quatre enfants.

Nous reproduisons ces actes et d'autres portant également la remarquable signature de François Meinard, dans le septième paragraphe de cette étude, relatif à la descendance de François Meinard. Il n'y a donc pas le moindre doute possible sur la véritable orthographe de son nom.

Ce point est d'autant plus important à constater que nous avons trouvé à la Bibliothèque Nationale deux autres opuscules au nom de Ménard (François) : 1° *Æternæ memoriæ generosiss. principis Leonorii Aureli, ducis Fronssiaci monumentum;* pièce de vers latins signée *Francis. Ménard,* sans indication de lieu, ni date, mais de 1622 d'après le catalogue; in-4°, L n 27, 8066; — et 2° *Ludovico XIII Rupelland expeditione redeunti panegyricus a Francisco Ménard* (Paris, 1628), in-8°, L b 36, 2710. La première de ces publications, au moins à raison de sa date, aurait pu être attribuée à notre Meinard, si l'on n'était pas bien fixé sur l'orthographe de son nom. Il faut reconnaître au contraire que ces deux pièces sont d'un autre François Ménard. Nous l'établissons : 1° sur l'orthographe différente du nom de famille, Ménard sans *i ;* 2° sur l'absence du mot *Frisius,* ajouté par notre Meinard à tous ses ouvrages à partir de 1610, que nous avons eus entre les mains; 3° sur l'indication au contraire de la qualité de *Parisien,* et non de Frison, ajoutée à la suite de son nom par cet autre François Ménard ; 4° pour l'écrit de 1628, sur ce que tout semble indiquer que la date assignée au décès de notre François Meinard, à Poitiers, le 1ᵉʳ mars 1623, est exacte.

En ce qui concerne le prénom de *François,* commun à ce Ménard de Paris et à notre Meinard de Poitiers, il n'est pas douteux. C'est évidemment par erreur que Victor Tuarts (ou Denys Bultellier) dans sa réfutation du *Regicidium detestatum,* que nous examinerons plus loin, l'a appelé *Jean* Meinard. Il s'est toujours dénommé lui-même et s'appelait incontestablement François Meinard.

§ 2

PREMIÈRE PARTIE DE LA CARRIÈRE COMME PROFESSEUR
A ANGERS DE FRANÇOIS MEINARD
ET SES RELATIONS AVEC MARIN LIBERGE

Dreux du Radier écrit : « Il était encore jeune quand il
« vint à Poitiers. Il y professa d'abord les humanités; mais
« son goût le portait vers la jurisprudence. Il obtint, mal-
« gré l'opposition de quelques concurrents, et en particulier
« de N. Rousseau, etc... » La *Biographie générale* de Firmin Didot a aussi reproduit le commencement de ce passage
et la plupart des auteurs l'ont également suivi.

Or il est constant que c'est à l'Académie d'Angers que
François Meinard a professé les humanités; qu'il y avait
une chaire dans les années 1599 et 1600; qu'il habitait encore dans cette ville en 1608; et que ce n'est qu'en 1609,
c'est-à-dire âgé d'environ quarante ans (il est mort à cin-
quante-trois ans), qu'il est venu à Poitiers pour y occuper
une chaire de droit à l'Université de Poitiers et s'y marier
environ trois ans après.

Il y a donc là toute une partie de la carrière de François
Meinard qui a échappé à Dreux du Radier, à Firmin Didot,
et aux historiens poitevins et frisons. Elle est cependant bien
intéressante, moins par les ouvrages, inconnus de ces auteurs, qu'elle a produits et qu'il faut ajouter à la liste de Dreux
du Radier, que par une illustre amitié qui honore François
Meinard, et ne saurait être indifférente à la Société des Antiquaires de l'Ouest. C'est Marin Liberge, dont la carrière
s'est également accomplie partie à Angers et partie à Poi-

tiers, qui avait attiré François Meinard au collège d'Anjou.
Meinard a payé sa dette de reconnaissance en pro-
nonçant l'éloge funèbre de son ami, que nous signalons
dans ce paragraphe et qui est l'un des ouvrages de François Meinard ignorés jusqu'ici, comme toute cette partie
de sa carrière, des biographes poitevins, parisiens et frisons. Cette amitié du célèbre auteur de l'*ample discours sur
le siège de Poitiers de* 1569 (1) est pour François Meinard
un titre d'honneur peu connu. Nous verrons dans le cours
de ce travail que d'autres amitiés illustres ignorées devaient
honorer sa carrière et que peut-être là se trouve l'une
des causes de la position importante qu'il a occupée dans
l'École de Droit de Poitiers et que l'histoire lui a conservée,
malgré la plus grave et la plus retentissante des erreurs.

Voici comment, au cours de nos recherches à la Bibliothèque Nationale, nous avons été mis sur la voie de ces autres
ouvrages de François Meinard et de cette première partie de
sa carrière comme professeur et écrivain.

Le catalogue imprimé de 1730 de la Bibliothèque Nationale (*Belles-lettres*, tome II, page 196) fait mention au
nom de « Meinardus (Fr.) », à côté de ses *Orationes legitimæ*,
ci-dessus relatées, d'un quatrième ouvrage dont le titre est
ainsi rapporté dans ce catalogue : « *Oratio de littera-*

(1) « **Le Siège de Poictiers** et ample discours de ce qui s'y est faict et
« passé és mois de juillet, aoust et septembre, *avec les noms et nombre des
« seigneurs, chevaliers, capitaines, gentilhommes et compagnies, tant étran-
« gères que françaises, qui étaient dans la ville durant le siège et de ceux qui y
« ont été blessés ou tués ; ensemble les épitaphes latins et français de quelques-uns
« des occis ;* le tout accompli en l'année 1569 ; par Ma. Liberge.
1re édition en 1569, Paris ; 2e édition en 1570, Poitiers ; et 3e édition en 1621,
Poitiers ;
Cette troisième édition, réimprimée par M. Beauchet-Filleau, en 1846, à Poitiers, porte le sous-titre suivant : « *Revu et corrigé de nouveau et adjouté à la
« fin une ample narration de la bataille de Moncontour et du siège de Saint-
« Jean d'Angéli, tiré des plus fidèles historiens de France.* »

torum et illitteratorum metamorphosi (in-8°, X, 3084). »

Les recherches faites sur ma demande ont été infructueuses. L'ouvrage ainsi constaté en 1730 à la Bibliothèque Nationale y est maintenant introuvable. Nous n'avons donc pas pu, à l'inverse des ouvrages cités par Dreux du Radier, en prendre connaissance. Mais il est certain que c'est une quatrième publication de François Meinard à ajouter, dans un ordre chronologique inverse, aux trois autres ouvrages déjà constatés. Il est encore l'auteur d'une cinquième publication, de l'année 1600, comme la précédente, fort intéressante pour les Poitevins, mais qui paraît n'avoir jamais appartenu à la Bibliothèque Nationale, d'après la réponse négative faite à notre demande et le silence des catalogues. Toutefois, à l'occasion de l'*Oratio de litteratorum*, une mention d'impression à Angers nous a fait recourir au *Dictionnaire historique, géographique et bibliographique de Maine-et-Loire* de M. Célestin Port, de l'Institut. Là nous avons trouvé le nom de François Meinard (tome II, page 640) avec une notice de vingt-deux petites lignes, très précieuses sur ces deux ouvrages introuvables à la Bibliothèque Nationale, très précieuses aussi pour toute cette première partie de la carrière publique de François Meinard, dont aucun autre biographe que M. Port, à notre connaissance, n'avait fait mention.

M. Célestin Port nous apprend ainsi que François Meinard résidait en 1599 à Angers, où il était alors « licencié en « droit civil et canon, et professeur au collège d'Anjou, où « il avait été attiré par Marin Liberge » ; il nous donne en outre le titre exact des deux ouvrages publiés par lui dans cette ville pendant le cours de l'année 1600.

Le cinquième ci-dessus mentionné, et dont nous n'avons

trouvé aucune trace à la Bibliothèque Nationale, serait (sauf autre découverte dans la Frise ou ailleurs) la première de ses œuvres, toute à son honneur puisqu'elle est, comme nous l'avons annoncé, un hommage reconnaissant à la mémoire de son ami Liberge. Elle porte pour titre : « *De obitu M. Libergii, in celeberrima Andium academia comitis et antecessoris clarissimi, Threnus pro strenis anni secularis ab humanæ salutis instauratione decimi sexti* (Angers, veuve Hénault, 1600, in-4°). »

Ce sont des distiques latins, offerts par Meinard, comme il le dit dans cet intitulé, à ses élèves pour leurs étrennes.

Grâce à M. Célestin Port, nous pouvons aussi rectifier le titre donné d'une manière incomplète par le catalogue de 173 de la Bibliothèque Nationale, du quatrième ouvrage ci-dessus relaté, et qui, dans l'ordre chronologique, devient le second, se plaçant, à la suite du précédent, dans la même année 1600. Voici ce titre exact : « *De admirandâ litteratorum et illitteratorum metamorphosi Oratio sub reverticulum studiorum anni MDC* (Angers, veuve Hénault, 1600, in-12). »

Ce discours de rentrée, et ce sont des discours analogues qui dominent dans l'œuvre de François Meinard, à Poitiers comme à Angers, est dédié à Claude-Marie Boylesve de la Morousière. Cette famille des Boylesve ne doit pas être confondue avec celle des Boislève, bien connue des érudits poitevins, et pour laquelle nous avons eu l'occasion, en 1877, d'apporter à l'édifice quelques pièces inédites empruntées aux Archives nationales (1). L'idée ingénieuse de Meinard, indiquée par le titre de son discours, est de mon-

____

(1) « Un maître de la Monnaie de Poitiers, ancien Maire de la ville, soumis à la torture sous le règne de Louis XII; » *Mémoires de la Société des Antiquaires de l'Ouest*, tome Iᵉʳ de la deuxième série, 1877, pages xxiii à xliv. — Voir aussi la seconde édition que nous en avons donnée dans nos *Etudes d'Histoire financière et monétaire*, VII, pages 186 à 240 (Poitiers, Oudin; Paris, Guillaumin, 1887).

trer la facilité merveilleuse avec laquelle s'opère par l'in-
struction la métamorphose des illettrés en lettrés.

Les vingt lignes précieuses du *Dictionnaire de Maine-et-
Loire* se terminent ainsi : « On le trouve encore à Angers
« qualifié de noble homme et docteur en droit dans un
« acte de 1608 (GG 28) ; mais dès 1610 il habite Poitiers,
« où il a publié divers ouvrages et où il est mort le 1er mars
« 1623. »

Nous avons constaté, depuis, que ces deux premiers ouvrages de François Meinard, introuvables à la Bibliothèque
Nationale de Paris, n'existent pas d'avantage à la Bibliothèque de la Ville de Poitiers, mais existent heureusement
à la Bibliothèque de la Ville d'Angers, où nous venons de
voir qu'ils ont été publiés.

Le premier (*De obitu M. Libergii*) est un opuscule de douze
feuillets, occupant le n° 3299, § 3, du catalogue des Belles-
Lettres de la Bibliothèque d'Angers, page 470.

Le second (*De admiranda litteratorum*) se trouve sous le
n° 680 du même catalogue, page 92. La dernière page est
numérotée 48, plus une dernière portant vers latins au recto
et vers grecs au verso.

La lumière est ainsi faite sur ces dix années de la carrière
de François Meinard, écoulées à Angers, et à tort attribuées
à Poitiers par Dreux du Radier et Firmin-Didot. L'existence de ses relations avec Liberge et de ceux de ses écrits,
inconnus des biographes poitevins, parisiens et frisons, qui
correspondent à cette période de sa vie, est également établie. Sur ce point, les lacunes et les erreurs ne sont plus
possibles. Nous donnons plus loin (paragraphe 6) la
preuve qu'il était professeur de droit à Poitiers à la
rentrée des cours de l'Université en octobre 1609.

§ 3

DE L'ATTRIBUTION A FRANÇOIS MEINARD D'UNE GRANDE PARTIE DES NOTES JOINTES A LA VIE DE SAINTE RADEGONDE PAR CHARLES PIDOUX

Nous avons tenu à vérifier l'assertion de Dreux du Radier, reproduite toujours par la *Biographie générale* de Firmin-Didot, qu' « on doit encore à François Meinard une « grande partie des notes jointes à la vie de Sainte Rade- « gonde publiée en 1621 par Charles Pidoux ».

Le titre exact de cet ouvrage est : « la vie de Sainte Ra- « degonde jadis Reine de France et fondatrice du royal « monastère de Sainte-Croix de Poitiers (Poitiers, 1621 , « in-12). » Il se termine par des notes nombreuses que nous avons inutilement parcourues pour y trouver la preuve de l'intervention de Meinard. Nous croyons même y avoir trouvé la démonstration de l'erreur commise. A la page 546 de cette édition on voit une courte note au bas de laquelle se lisent ces mots imprimés dans le texte : « Je dois cette note « à M. Meynard. » C'est à cette note que nous avons fait allusion ci-dessus en rectifiant l'orthographe du nom donnée par Dreux du Radier et Pidoux. Or, d'une part, nous n'a- vons rencontré cette mention sur aucune des autres notes, ce qui permet déjà l'application de l'adage : *qui dicit de uno negat de altero ;* et, d'autre part, au bas de la plupart des autres notes, nous trouvons au contraire ces mots : « M. du Chaillou. » C'était le nom de l'auteur lui-même, Charles Pidoux sieur du Chaillou, lieutenant général en la séné- chaussée de Civra y. De sorte que l'examen même des notes

2

dans l'édition originale de 1621, sur laquelle a porté notre
étude, paraît rectifier l'assertion de Dreux du Radier.
La réimpression faite à Niort en 1844 ne contredit pas et
ne peut contredire les données de l'édition originale. Il
est regrettable que Dreux du Radier n'ait pas dit sur quoi
il se fondait pour justifier une attribution plus étendue que
celle restreinte à une note de quinze lignes, qui seule nous
paraît établie.

§ 4

LES TROIS ÉDITIONS DU « REGICIDIUM DETESTATUM »

Le seul des ouvrages de François Meinard qui ait eu
les honneurs de la réédition nous paraît en avoir été le
moins digne, bien que ce soit lui surtout qui ait donné à son
nom une sorte de célébrité. Il s'agit de son *Regicidium
detestatum* de 1610, dont nous aurons à parler plus lon-
·guement encore dans le paragraphe suivant. Nous y verrons que les rééditions immédiates de cet opuscule tien-
nent moins à son mérite qu'à son retentissement et aux
justes et éloquentes protestations qu'il a provoquées.

Quelle qu'en soit la cause, c'est un fait bibliographique
important que la succession de trois éditions du même
écrit dans la même année 1610.

Il est à croire que Dreux du Radier l'a ignoré, puisqu'il
n'en parle pas ; et nous ne voyons nulle part dans aucune
biographie, la mention de ces trois éditions dont nous avons
constaté l'existence.

Cet ouvrage ayant été écrit et publié à Poitiers, la pre-

mière édition doit y avoir été assez répandue, et il eût été naturel de la trouver dans le fonds des auteurs poitevins de la
Bibliothèque municipale de Poitiers. Mais, hélas ! cette
Bibliothèque, si riche à d'autres égards, ne possède, d'a-
près les recherches très obligeamment faites de mars à
septembre 1891, aucune édition du *Regicidium detestatum*
ni aucune des réfutations dont il a été l'objet.

Dreux du Radier dit que cet ouvrage parut un mois
après l'abominable assassinat de Henri IV, et fut imprimé
à Poitiers chez Mesnier.

Il ne parle pas des deux autres éditions ; elles ont effec-
tivement été publiées, non plus à Poitiers, mais à Paris,
dans le cours de la même année 1610.

Les catalogues de la Bibliothèque Nationale constatent
au contraire que la Bibliothèque Nationale de Paris a possédé ces trois éditions différentes du *Regicidium detestatum*.

Ces trois éditions figurent de la manière suivante sur
les catalogues de la Bibliothèque Nationale : la première,
imprimée à Poitiers, L b [35], 904 ; la seconde, imprimée à
Paris, L b [35], 904[A] ; la troisième, également imprimée à
Paris, L b [35], 904[B] ; toutes les trois de l'anné 1610.

Nous n'avons pu obtenir que la seconde de ces trois éditions. Elle porte au-dessus de *Parisiis* la mention suivante :
« *Juxta exemplar Pictavij impressum.* » Les recherches très
obligeamment faites, sur notre demande, pour découvrir
les deux autres éditions, dont l'existence a été signalée
comme ci-dessus par les catalogues, sont demeurées infructueuses. Ces éditions ont disparu de la Bibliothèque, ou
plutôt elles auront été déplacées, à une époque peut-être
lointaine, et elles n'ont pas pu être retrouvées dans cet im-
mense dépôt.

Nous aurions désiré vérifier si elles étaient toutes les trois conformes entre elles ; nous le croyons, sans pouvoir l'attester et l'indiquer nettement. Quant au fait même de l'existence de ces trois éditions, il n'est pas douteux ; et il était bon de l'indiquer et de l'établir.

§ 5

LE « REGICIDIUM DETESTATUM »
ET LES PROTESTATIONS QU'IL A SUSCITÉES.

Le titre exact de ce premier opuscule publié par François Meinard à Poitiers est ainsi conçu : « *Regicidium detestatum, quæsitum, præcantum — clarissimo viro Emerico Reginaldo, amplissimo in Pictonum curiâ præsidi, et ad Ludovicum XIII, Franciæ Navaræque regem Christianissimum nunc supera legato — Franciscus Meinardus Frisius, in Academiâ Pictaviensi antecessor* D (onat) D (edicat). »

La seconde édition, donnée à Paris, porte au-dessous du titre qui précède : « *Juxta exemplar Pictavij impressum. — « Parisiis, apud Johannem Libert...* MDCX. »

C'est un opuscule, petit in-octavo, de 28 pages, y compris la préface, datée du mois de juin 1610.

Cet écrit est le premier que François Meinard ait fait imprimer à Poitiers ; il a suivi de près sa nomination à la chaire des Irland et est antérieur à son mariage avec leur fille et petite-fille. On ne peut dire que ce début à Poitiers fût un coup de maître, à moins qu'il n'eût seulement en vue le retentissement, qui parfois s'attache aux déclamations les plus violentes, les plus injustes et les plus fausses.

Nous sommes obligés de déclarer que la thèse étrange soutenue dans cet opuscule nous paraît indigne d'un jurisconsulte. En dehors de l'horreur que le crime lui inspire comme à tous les honnêtes gens, il ne trouve rien de mieux que de se demander si l'assassin est bien Français? Il ne peut le croire. « *Queramus tamen an credibile sit monstrum* « *tam infame à Francis ortum; mihi certe non videtur.* »

Mais il sait, comme tout le monde, que Ravaillac est né à Angoulême de parents français; alors il s'avise que Poltrot de Méré, l'assassin du duc François de Guise au siège d'Orléans, était aussi de l'Angoumois; qu'on ne doit regarder ni l'un ni l'autre comme Français, parce que l'Angoumois ne ferait pas partie de la France proprement dite. Le moindre vice d'une thèse aussi peu sensée était de faire peser sur tous les habitants d'Angoulême et de l'Angoumois le crime des assassins nés dans leur province.

L'auteur ne s'embarrasse pas pour si peu, et afin d'exclure l'Angoumois de la France, il aggrave sa proposition en la généralisant par une distinction entre les Francs et les Gaulois, dans laquelle il prétend trouver la preuve de son dire.

Il ne peut méconnaître cependant que Gaulois et Francs se sont mêlés sur notre sol par des liens indissolubles et ne forment qu'une seule nation. Il n'empêche. Il veut faire son enquête; il veut distinguer dans ce pays de France, lui qui est étranger d'origine, des éléments disparates et des races, parce qu'il a résolu d'établir que les habitants de l'Angoumois sont des Gaulois et non des Francs, et de conclure que Ravaillac et Poltrot, et avec eux tous les habitants de la province, ne sont pas Français.

« *Cæterum ut distinctius hæc inquisitio procedat, quamvis*

« *jamdiu Franci cum Gallis mixturam, et gentis unitatem*
« *facerint insolubilem, lubet tamen in re propositâ alteros ab*
« *alteris disparare et cujusque populi genium, mores, et affectus*
« *in reges suos, aliosque, separatim expendere.* »

Il exalte la fidélité et les vertus des Francs, sans manquer de rappeler qu'ils ont occupé la Frise, sa patrie d'origine.

Il rend au contraire les Gaulois responsables de tous les régicides et enclins à tous les crimes. Pour cette intéressante démonstration, il a le bon goût de faire appel à toutes les ressources de son érudition, et de citer ies passages les plus hostiles des commentaires de César, l'ennemi des Gaulois ; avec lui il représente les Gaulois (*Gallos*) *fere semper tanquam homines ad omne scelus et audaciam projectos.* Ici l'inconvenance et l'odieux égalent le ridicule d'une telle déclamation. Il ne lui manquait que d'exalter César pour le traitement infligé à Vercingétorix, et cela en pleine Gaule, comme on le lui a dit avec raison.

Il choisit, avec autant de soin et de délicatesse de touche et de sentiments, des passages de Plutarque, de Suétone, d'Ammien Marcellin, et les reproduit avec complaisance. Il tient même à invoquer Ausone ; ce qui lui valut des reproches sanglants, même d'altération.

Après tout cet étalage d'érudition bien employée, il conclut triomphalement que les habitants d'Angoulême sont des Gaulois et non des Francs, et que par conséquent le roi Henri IV n'a pas été assassiné par un Français.

On comprend sans peine qu'une pareille thèse développée dans un petit opuscule de 28 pages bien écrit, d'une lecture facile, au lendemain de la mort de Henri IV, émanant d'un nouveau professeur de droit de l'Université de Poitiers, de

l'héritier des Irland, ait excité une vive curiosité. Ajoutez-y
sa publicité augmentée par la vivacité des répliques qui
ont suivi. Vous aurez ainsi l'explication naturelle des trois
éditions du *Regicidium* en 1610.

La nature de l'ouvrage vous explique aussi que les protestations ne se soient pas fait attendre et qu'elles ne pèchent
pas par le défaut d'énergie.

Dreux du Radier les trouve excessives. Nous ne sommes
pas de cet avis, étant donné les habitudes du temps dans
les polémiques, l'emploi de la langue latine, l'inconvenance
et l'odieux de la thèse produite sous des apparences
scientifiques par un professeur de Droit, qui oubliait à
la fois les principes de bon sens et d'éternelle justice,
en même temps que son origine lointaine. Elle aurait
dû le rendre plus circonspect que tout autre sur un pareil
sujet. Il semble ignorer aussi que ses outrages contre les
Gaulois ne pouvaient moins s'appliquer aux descendants
des Pictons, au milieu desquels il parlait, qu'à ceux des
Santons d'Angoulême ou des *Cambolectri Agesinates* (suivant
les attributions dissidentes), dont il faisait l'injuste procès
et qui lui ont vertement répondu.

Après avoir lu l'attaque, nous avons tenu à lire ces défenses
présentées au nom des habitants de l'Angoumois, et une
autre au nom de tous les Francs-Gaulois « pro Franco-Gallis ».
Dans cette dernière, Dreux du Radier affecte de ne voir que
des injures et des outrages. Suivant nous, elle est très
remarquable ; c'est une réfutation en règle, aussi solide
qu'éloquente, sauf l'âpreté des termes qu'excusent, pour la
plupart, les circonstances.

Les réfutations du *Regicidium*, dont nous avons pu reconnaître l'existence à la suite de Dreux du Radier, sont au

nombre de trois. Elles sont signées Paul Thomas, Villotræus, et Victor Tuartius.

Nous avons constaté que la Bibliothèque Nationale ne
possède pas l'écrit de Villotræus, et nous n'avons rien trouvé
dans ses catalogues indiquant qu'elle l'ait jamais possédé.

Nous avons constaté aussi que cet écrit n'existe pas plus
que les deux autres, dans la Bibliothèque publique de
la Ville d'Angoulême.

Nous avons déjà dit que la Bibliothèque de la Ville de
Poitiers ne les possède pas davantage.

Néanmoins, l'existence de cette réfutation n'est pas dou-
teuse; non seulement parce qu'elle est mentionnée par Dreux
du Radier, qui ne l'aurait pas inventée ; mais aussi parce
qu'elle est prouvée par la troisième réfutaticn signée de
Victor Tuartius. Il dit, dans sa préface datée du mois de novembre 1610, que l'opuscule de Meinard a été déjà réfuté par
deux habitants d'Angoulême « *duorum Engolismensium Tho-
mæ et Villotræi contra istud libellum defensiones* ». Il en
résulte que la publication de *Villotræus*, Villotreau d'après
Dreux du Radier, et plus probablement de Villoutreys (1),
est certaine, bien que nous n'ayons pu la trouver, ni à la Bibliothèque Nationale, ni à la Bibliothèque publique d'Angoulême, ni dans celle de Poitiers.

Nous avons pu facilement au contraire prendre connaissance à la Bibliothèque Nationale des deux autres défenses
et nous les avons lues avec le plus vif intérêt. Elles figurent
au catalogue de l'Histoire de France, tome Ier, pages 413 et
414, n°s 905 et 906.

La première (L b[35], 905) est intitulée : « *Adversus Fran-*

____

(1) M. le marquis de Villoutreys, qui regrette aussi de ne pas connaître cet
opuscule, pense, comme nous, qu'il a eu pour auteur un membre de sa famille,
Jacques de Villoutreys, maire d'Angoulême en 1603 et échevin jusqu'en 1614.

« *cisci Meinardi, Frisii et apud Pictavienses legum professoris,*
« *calumnias, Engolismensium defensio, autore Paulo Thoma,*
« *apud Engolismenses causarum patrono* (Burdigalæ, S. Mil-
langius, 1610, in-8°). »

Cette défense de l'avocat d'Angoulême, imprimée à Bor-
deaux, forme un opuscule de 27 pages divisé en deux parties,
l'une en prose (pages 1 à 22), et l'autre en vers latins (pages
23 à 27) sous ce titre : « *In eumdem Franciscum Meinardum*
« *carmen apologeticum* », signé : « P. Thomas, Engolis-
mensis. »

La prose latine de Paul Thomas n'est pas plus tendre
que ses vers latins, pour notre Meinard, qu'il appelle sans
cesse « *Doctor Frisius* », ni pour son écrit qu'il qualifie
« *ineptissimum, improbissimum, et sævissimum scriptum* »,
et « *famosum libellum* ». Il dit ailleurs : « *improbam linguam*».
On voit ainsi que la défense par Victor Tuarts dont nous
parlerons tout à l'heure, qui a déplu surtout à Dreux du Radier et dans laquelle il a tort de ne voir que des injures, ne
peut être écrite sur un ton plus vif. Mais il faut songer au
temps et aux circonstances pour comprendre ce langage
étranger à nos mœurs, et même se rendre compte qu'après
avoir rappelé les gloires de la Gaule, l'avocat d'Angoulême
se soit écrié : « *Quæ omnia tam ampla, illustria ac magnifica
sunt, ut mole suâ non modo magistellum hunc Frisium, verum
Frisiam ipsam universam possint obstruere.* »

Supposons une doctrine analogue intéressant ce noble
pays de Hollande, professée dans son sein même, par un
ex-Français naturalisé Frison, à cette époque, et même en
d'autres temps, y aurait-elle été suivie de protestations moins
ardentes ?

Il faut surtout en lisant, même les passages les plus passionnés, ne pas oublier ce qu'il y a eu d'inouï dans l'attaque. C'est sous l'empire d'une émotion vraie et d'une sorte de souffrance patriotique que l'auteur se défend : « *Ait ille nos non e Francis, sed e Gallis originem trahere... Denique ob duorum Engolismensium scelus, in Franciscum illustrissimum ducem, et recens istud in invectissimum regem Henricum IIII, gentem Engolismensium, si non ex asse, saltem ex quadrante, vel triente, ad hæreditatem pœnæ vocari oportere.* » Ce cri d'une indignation légitime explique et justifie, avec les mœurs et le temps, les paroles enflammées d'une réfutation pleine de patriotisme et non sans talent, dans laquelle il faut reconnaître que la raison et la justice sont du côté de l'avocat contre le professeur de droit.

Le défense signée *Victor Tuartius* nous paraît cependant très supérieure, bien que ce soit surtout elle qui ait encouru les reproches de Dreux du Radier. Elle est cataloguée à la Bibliothèque Nationale de la manière suivante L b [35], 906. Le catalogue de l'Histoire de France contient cette note imprimée : « le nom véritable de l'auteur est Denys Bultellier, « d'après le père Le Long. » Nous nous sommes reporté aux in-folios de la *Bibliothèque historique de la France* du père Le Long ; nous y avons trouvé la même brève déclaration, mais rien de plus. Suivant son habitude, le père Le Long ne dit point sur quoi il base cette constatation, qui doit être fondée.

Cette défense porte le titre suivant : « *Apologia Victoris Tuartii pro Francogallis contra mendacia, imposturas et calumnias Joannis Meinardii, Frisii, in academiâ Pictaviensi leguleii* — Parisiis, 1611, in-8°. »

Elle est dédiée « *ad Andræum Nesmundum Chezacum En-*

*golismensem regis in concilio sanctiori conciliarum et Parla-
menti Burdigalensis Principem* », et datée de novembre 1610.
Le privilège du Roi pour l'impression est du 13 novembre
1610. C'est un opuscule de 107 pages.

Victor Tuarts (ou Denys Bultellier) devait être également
de l'Angoumois, bien que ce livre, dédié à dessein à un
magistrat originaire de la ville d'Angoulême, ait été imprimé à Paris.

L'auteur y prend les choses de plus haut ; en parlant
pour Angoulême, il parle pour la France entière ; il montre
que Francs et Gaulois ne forment qu'une nation, la nation française, et le titre indique bien la haute portée
de sa thèse « *Defensio pro Francogallis* ».

Loin de blâmer cette défense, comme Dreux du Radier,
nous regretterions beaucoup qu'elle n'eût pas été écrite ;
et nous aurions aimé à la trouver signée par un Poitevin.
Comment en effet ne pas voir, et c'est une des lourdes erreurs
de Meinard en cette affaire, que les Pictons, et tous les
descendants des peuples de la Gaule formant l'ensemble
de la France, ne sont pas moins atteints que les Santons
d'Angoulême, suivant l'opinion commune, que les *Cambolectri Agesinates*, suivant l'opinion dissidente, par ses
injures dirigées contre les Gaulois.

Son écrit malheureux ferait croire que la science historique chez François Meinard était encore moins sûre, malgré
son grand étalage d'érudition, que le sens juridique et patriotique dont son œuvre ne prouve que l'égarement d'un jour.

La défense de Tuarts ne fait qu'imiter l'attaque dans
l'accumulation des reproches ; mais de plus on reconnaît
dans toute cette défense l'accent d'une haute raison servie
par un talent supérieur et la vérité historique.

Malgré la verdeur des termes, qu'objecter à ces lignes :
« *Admiratus sum hominis impudentiam qui, natione Frisius,
in mediâ Galliâ contra Gallos ausus sit famosum istud libellum,
calumniis, injuriis et mendaciis repletum, componere et publi-
care.* »

Que répondre encore à cette ironie sanglante (page 85) :
« *Qua in scholâ hunc syllogismi conficiendi modum didicisti ?
Parricida ille qui Henricum Magnum interfecit erat Engolis-
mensis ; ergo omnes Engolismenses sunt parricidæ ; et si
non omnino tanquam ipse parricida, saltem aliquatenus
sunt puniendi.* » Tout ce développement est à lire, comme
presque toutes ces pages, et on se surprend, malgré
nos habitudes plus polies de langage, à n'être pas éton-
né de cette exclamation : « *O inepta, crudelis et contumeliosa
argumentatio !* »

Que dire encore de cette constatation accablante pour
Meinard, qui prouve que la notion du juste et du vrai sur
une telle question était de son temps ce qu'elle est dans le
nôtre ? Au milieu des innombrables écrits provoqués par
l'assassinat d'Henri IV, nul autre que lui n'a conçu une
idée semblable à la sienne, ni tenu un pareil langage ! et sa
qualité d'étranger, créé citoyen français, ne l'a pas retenu !

« *Extant innumeræ in honorem Henrici Magni funebres orationes ; extant lugubres cantus, lacrimæ, suspiria, elogia.
Extant contra parricidam diræ et execrationes, in quibus nihil
de hujusmodi Francorum votis reperitur.*

« *Ut Engolismenses animadvertant ? Ubi illa Francorum
vota, Meinarde? Quibus in comitiis et quo in loco sancita? Quis
scripsit? Quis pronunciavit? Nemo, præter Meinardum, qui
solus, nuper, ex transfuga Frisio, civis creatus, ut ipse ait,
votivas istas chimæras somniavit.* »

Cette éloquente protestation se termine par un appel aux Poitevins de venger eux-mêmes leurs voisins d'Angoulême par une expulsion, ou tout au moins, ce qui prouve la véritable pensée de l'auteur, par une rélégation sanitaire.

« *Ejicite hominem istum exterum et alioquin vobis ignotum, aut saltem eum relegate in insulam Anticyram donec expulerit*

« *Elleborum morbum bilemque meraco.* »

Rien n'indique que François Meinard ait répliqué. La tâche eût été difficile. Le silence convenait mieux. Que ne l'a-t-il également gardé pendant toute l'année 1610 !

§ 6

ENSEMBLE DE L'OEUVRE DE FRANÇOIS MEINARD
ET SES RELATIONS
AVEC L'ÉVÊQUE DE POITIERS CHASTEIGNIER DE LA ROCHEPOZAY,
DU VERGIER DE HAURANE ET LES SAINTE-MARTHE

Un professeur ne peut être entièrement jugé par ses écrits. Des professeurs éminents n'ont jamais rien publié. Parfois les enseignements ont été très supérieurs aux livres des professeurs. De même on a connu des livres préférables à l'enseignement oral de leur auteur. Il n'est pas probable que ce dernier cas soit celui de François Meinard, dont malheureusement les leçons n'ont laissé aucune autre trace.

Deux traits principaux caractérisent ses écrits. Aucun d'eux ne constitue un ouvrage de longue haleine ; l'ancien professeur d'humanités s'y montre plus que le jurisconsulte.

Ceci est naturel dans ses deux premiers écrits d'Angers. Mais nous venons de voir combien peu son troisième écrit, publié à Poitiers en 1610, est empreint du sentiment de la justice et du droit.

Les deux autres publications de François Meinard ne doivent point lui être assimilées, et il n'est que juste au contraire en les examinant de s'abstraire des impressions fâcheuses résultant de la lecture du *Regicidium*. Toutefois les deux caractères signalés s'y retrouvent, en ce sens seulement, que ce sont des opuscules et que le professeur d'humanités y domine sensiblement le professeur de droit, principalement dans celui de ses écrits dont nous allons parler en premier lieu.

Cela est en effet incontestable pour ses trois discours prononcés en 1609, 1610 et 1613, réunis et publiés par lui en 1615, à Poitiers, sous ce titre : *Orationes legitimæ, sive* δικαιολογιαι *tres, in publicis utriusque juris scholis habitæ*.

Ce sont des discours de rentrée analogues à ceux dont la pratique a été reprise de nos jours dans l'Université de Poitiers et ailleurs. C'est un volume, petit in-8, de 98 pages.

Le premier de ces discours (38 pages) est intitulé *Oratio solemnis de visco Druidarum jurisprudentiæ symbolo*. Il a été prononcé le 6 octobre 1609. Meinard venait d'être nommé professeur à la chaire de Bonaventure Irland. L'esprit préoccupé de ses études sur l'histoire de la Gaule, qui devaient prendre l'année suivante une si fâcheuse et si fausse direction, il consacre ce premier discours au gui du chêne et aux cérémonies des Druides ; il y voit le symbole de la jurisprudence. Il n'est pas possible de mieux justifier les caractères qui nous ont paru dominants dans son œuvre imprimée, et qui, peut-être, se retrouvaient dans ses leçons.

Le second discours, pages 39 à 81, également prononcé à la séance de rentrée de l'École de droit du 6 octobre 1613 (ce qui nous indique bien les pratiques universitaires de cette époque) est intitulé : *Oratio solemnis de templo Justiniani, Romanæ justiciæ dicato.*

Le troisième (pages 83 à 98) est intitulé : *Oratio ritualis de gemino reipublicæ christianæ oculo, habita Pictavij, postridie id. octob. 1610, cum vir clariss. Thomas Barclayus in æde S. Petri, more maiorum, ab antecessoribus, V. Q. I. publice cooptarctur.*

On trouve là l'indication d'autres pratiques universitaires de cette époque. Nous faisons observer que bien que ce discours soit le second dans l'ordre des dates (puisqu'il a été prononcé en 1610, et que le précédent ne l'a été qu'en 1613), l'auteur l'a cependant placé le troisième dans cette publication.

Les trois dédicaces qui précèdent chacun de ces discours sont datées du mois d'octobre 1614, et l'impression du volume de 1615 (Bibliothèque Nationale, Inventaire X. 18359. x. 3122).

Le dernier ouvrage de François Meinard dont nous avons à parler, bien que publié en 1612, avant ses *Orationes legitimæ*, est cependant postérieur à deux de ces trois discours prononcés en 1609 et 1610 ; c'est pourquoi nous en parlons en dernier lieu. Il est intitulé : *Disputatio de juribus episcoporum, non modo legum canonumque, momentis expensa, sed rerum quoque judicatorum authoritate confirmata... Pro cathedratico et nomine juridiciæ Facultatis oblata. — Auctoriti Pictonum,* 1612. (Bibliothèque Nationale, Inventaire E. e. 6536, in-8°.)

Nous avons également trouvé cet ouvrage à la Bibliothèque de la Ville de Poitiers (Recueils poitevins, in-8°,

nº 76 1°). C'est même le seul ouvrage de François Meinard
que l'on ait pu, sur nos demandes, y découvrir.

Cet ouvrage sur les droits des évêques a l'avantage
de constater d'autres pratiques universitaires de ce temps.
C'est un livre de 343 pages. C'est la plus importante
des publications de notre auteur. C'est aussi celle qui
présente au moindre degré les caractères propres et d'un
mérite contestable, que nous avons assignés aux autres
ouvrages de Meinard publiés à Poitiers.

Nous avons là un travail d'une certaine étendue formant
un petit traité. C'est en outre un ouvrage de droit; il contient,
conformément au sous-titre même de l'ouvrage, un commentaire du chapitre 16 *De officio judicis ordinarii apud
Gregorium* ou rescrit d'Honorius III. Dans ce traité sur les
droits des évêques, on trouve principalement du droit cano-
nique, mais on y voit aussi du droit civil. C'est bien l'œuvre
d'un docteur et professeur *in utroque jure*.

François Meinard eût été toutefois plus généreux, dans
l'avertissement, où il relève des erreurs qu'il impute dans
l'interprétation de ce même rescrit à son ancien com-
pétiteur de 1609 N. Rousseau, de s'abstenir de l'appeler
« plus ɛ⸍ ant dans la chicane du Palais que dans les
« lois ».

L'auteur constate que l'ouvrage a été présenté, au nom
de la Faculté de droit, «*Illustri viro Henrico Ludovico Casta-
næo Rupisposci Episcopo,* » à M. Chasteigner de La Roche-
Pozay, nouvellement nommé évêque de Poitiers.

Cet écrit n'a pas eu le retentissement du *Regicidium detestatum*. Il est bien préférable. Nous aimons à y trouver
principalement l'image du professeur de droit.

Nous y trouvons aussi, en même temps que dans son

hommage au nouvel évêque de Poitiers, une partie du secret de l'importance même acquise par François Meinard durant sa vie et après sa mort, et due non moins à ses relations qu'à ses ouvrages. Nous demandons la permission d'insister dès à présent sur ce point de vue nouveau de la personnalité très réelle de François Meinard.

C'était un personnage considérable que le nouvel évêque de Poitiers de 1612. De grande famille, d'un rare mérite, bien en cour, il allait exercer autour de lui une influence dominante pendant toute la durée de son long épiscopat. Ses ouvrages sont nombreux, et la Bibliothèque de la Ville de Poitiers en est autrement pourvue qu'en ce qui concerne François Meinard. Nous y avons vu : ses *Dissertations éthicopolitiques* de 1625 ; le *Commentaire sur les Évangiles des saints Marc, Luc et Jean, et sur les Actes des Apôtres* (1626) ; le *Commentaire sur l'Évangile de saint Mathieu* (1627) ; le *Commentaire sur la Genèse* (1640), un in-folio de 1250 pages ; le *Commentaire sur les psaumes*, dont la seconde édition est de 1643.

Il était naturel que l'éminent et influent prélat aimât à s'entourer de lettrés, de savants, de jurisconsultes. Parmi eux était Jean Besly, l'auteur de l'*Histoire des comtes de Poitou et ducs de Guyenne* (de 811 jusqu'à Louis le Jeune), si mal publiée par son fils en 1647, et de l'*Histoire des Evesques de Poitiers avec les preuves*, dont le prélat voulut bien accepter la dédicace. Il fit de même, en 1637, pour les *Observations sur la Coutume du comté et pays de Poitou* de Jean Lelet, avocat au Parlement et au Présidial de Poitiers.

Dans cette cour savante groupée autour du savant évêque figurait un homme célèbre que nous trouverons plus loin dans l'intimité de François Meinard. Nous voulons

parler de l'abbé Du Vergier de Haurane. Nous trouverons
ainsi écrits, en deux mots (Du Vergier), son nom et sa
signature, dans les actes de l'état civil de la famille de
François Meinard. L'évêque de Poitiers le tenait en telle
estime et si haute affection qu'il voulut résigner en sa faveur son titre d'abbé de Saint-Cyran. D'autre part, en 1615,
l'abbé publiait, au sujet de la prise d'armes de l'évêque en
1614 empêchant l'armée de Condé d'entrer dans Poitiers,
son « *Apologie pour Messire Henry-Louis Chastaigner de
la Rochepozay, évesque de Poitiers, contre ceux qui disent
qu'il n'est pas permis aux ecclésiastiques d'avoir recours
aux armes en cas de nécessité* ».

Or nous venons de voir que, de même, c'était à l'évêque
de Poitiers, presque à son arrivée dansle diocèse, en 1612,
que François Meinard avait remis sa *Disputatio de juribus
episcoporum*. C'était au nom de la Faculté de Droit ; mais
c'était son œuvre personnelle, signée de lui. Il était ainsi
l'un des premiers, en illustre compagnie, à entrer dans cet
entourage du prélat.

Une circonstance particulière relative à l'impression
même de la *Disputatio de juribus episcoporum* de François
Meinard nous a frappé, et il est bien permis d'y voir une
preuve de la faveur du prélat. Le premier feuillet de ce
livre porte, sous le titre, les armes de l'évêque de Poitiers.
Nous ne les trouvons point sur les ouvrages de Jean Besly,
de Jean Lelet, ni même de Du Vergier de Haurane. Elles
se trouvent sur le livre de François Meinard, telles que nous
les voyons sur chacun des cinq ouvrages de l'évêque de Poitiers ci-dessus rappelés. Chasteigner de la Rochepozay,
évêque de Poitiers, porte : *d'or, au lion posé de sin ople
armé et lampassé de gueules ;* tenants : *deux anges les ailes*

déployées agenouillés ; pour cimier : *la mitre et la crosse.*
En permettant de placer ses armoiries sur la *Disputatio* de
François Meinard, comme sur ses propres ouvrages, le
prélat n'imprime-t-il pas au livre un caractère particulier ?

En même temps que la preuve de son intimité avec
l'abbé de Saint-Cyran, nous donnerons plus loin celle de
son intimité avec les Sainte-Marthe. Dès à présent sa *Disputatio de juribus episcoporum* nous donne celle de la faveur
dont l'honorait l'évêque de Poitiers Chasteigner de la
Rochepozay.

Est-il téméraire de supposer que François Meinard par-
tageait les tendances bien connues de ce savant milieu ?

Ce livre et ces hautes et savantes relations expliquent et
justifient, bien mieux que le regrettable *Regicidium detestatum,* la place faite à François Meinard dans l'histoire de
notre ancienne Université et les hommages rendus à sa mémoire, rappelés par Dreux du Radier, et sur lesquels de si
puissantes amitiés ne peuvent avoir été sans influence,
comme sur son inhumation dans l'église Saint-Cybard.

Dreux du Radier rapporte que Meinard a mérité que son
éloge fût prononcé par son collègue François Gauthier.
Cette circonstance serait par elle-même d'une importance
médiocre, François Gauthier étant ce professeur, dont Charles
Arnaud de la Ménardière (*Essai sur les jurisconsultes poitevins,*
page 29) a pu dire « qu'il n'est connu que pour avo'r
« promis pendant seize ans un commentaire de la coutume
« qui n'a jamais paru ».

Dreux du Radier invoque aussi le passage dans lequel
Florentin du Ruau (*Tableau des régences,* page 222) appelle
notre auteur « l'honneur des muses grecques et un des
« plus riches et singuliers ornements de l'Université de

« Poitiers ». L'humaniste semble plutôt visé dans cet éloge
que le jurisconsulte, et nous savons que même à ce point
de vue l'érudition n'excluait pas les plus lourdes erreurs de
logique et d'histoire.

L'amitié de Liberge (malgré l'incident de ce dernier avec
les leçons de Cujas), l'amitié de Valens révélée par M. Boeles,
la haute faveur de l'évêque de Poitiers Chasteigner de la
Rochepozay, les illustres amitiés par nous révélées de l'abbé
Du Vergier de Haurane et des Sainte-Marthe, la succession
et l'alliance des Irland, sa position même de professeur
à l'Université de Poitiers, son caractère, ses habitudes
laborieuses, la confiance qu'il paraît avoir inspirée à
ses collègues, ses connaissances variées, bien qu'il en ait
fait mauvais usage dans une grave circonstance, quelques
pages de ses discours, et son Traité du droit des évêques,
justifient mieux que la plus retentissante de ses œuvres, la
place qui lui a été faite dans l'histoire de notre École de
droit et du Poitou.

Qui sait, cependant, si son nom serait aussi bien passé à
la postérité, et si l'on se serait près de trois siècles plus tard
occupé de lui, dans la Frise, à Paris, à Poitiers, à Angers,
à Angoulême, sans son incartade de 1610 !

§ 7

ENFANTS ISSUS DU MARIAGE DE FRANÇOIS MEINARD
ET DE JEANNE IRLAND

Sur les deux derniers points qu'il nous reste à examiner,
c'est à M. Boeles que revient l'honneur d'avoir le premier
soulevé le voile devant lequel s'était arrêté Dreux du Radier;

nous n'avons qu'à compléter et confirmer ce qu'il a dit,
par de nouvelles preuves.

L'historien du Poitou avait dit en effet en parlant du mariage de Meinard et de Jeanne Irland : « *Je ne crois pas qu'il*
« *en ait eu d'enfants.* »

L'article de M. Boeles et les lettres de Valens par lui publiées nous apprennent le contraire. Nous renvoyons à cet
égard aux pièces justificatives dues à M. Boeles et qu'il
nous a autorisé à reproduire à la suite de ce travail.

Mais nous avons profité de nos fréquents voyages en
Poitou pour faire des recherches dans les anciens registres
de l'état civil des paroisses de Poitiers.

Nous n'avons pu mettre la main sur l'acte de mariage de
François Meinard et de Jeanne Irland, tant à cause de
l'ignorance dans laquelle nous sommes de celle des vingt-
quatre paroisses de l'ancien Poitiers dans laquelle il a été
célébré, que des lacunes des registres, notamment de ceux
de la paroisse de Saint-Cybard, dont cependant nous avons
trouvé les registres des baptêmes pour notre période et les
actes de baptême de quatre enfants, deux fils et deux
filles, issus du mariage de François Meinard et de Jeanne
Irland.

A défaut de leur acte de mariage, nous y avons aussi rencontré la preuve que celui-ci doit avoir été célébré en août
ou septembre 1612 ; les registres des actes de mariages de
la paroisse de Saint-Cybard manquent précisément pour
cette période.

Mais nous venons de dire que pour la même période les
registres des actes de baptême existent, et nous voyons, dans
un acte de baptême du 24 juillet 1612, Jeanne Irland figurer
comme fille, en qualité de marraine d'une de ses nièces,

Jeanne Irland, fille de René Irland, écuyer, seigneur de la Maingouaire, et de Jeanne Garnier.

Voici, d'autre part, les actes de baptême des quatre enfants issus du mariage de François Meinard et de Jeanne Irland, d'après l'ordre des dates, sur les registres des actes de baptême de cette paroisse de l'église de Saint-Cybard, dans laquelle Dreux du Radier a recueilli en 1749 l'épitaphe par nous reproduite ci-dessous (annexe I).

1° « 13 juin 1613, — Claude Meinard, — fille de François Meinard, écuyer, docteur régent en la Faculté de droit de cette ville, et de Jeanne Irland. — Parrain : René Irland, sieur de la Maingouaire, conseiller au présidial.—Marraines: 1° Claude Grignon, veuve de Louis de Sainte-Marthe, lieutenant général du Poitou, écuyer, docteur en droit ; 2° Catherine de Sauzay, femme de Jean Irland, écuyer, seigneur de Beaumont, conseiller au parlement de Bretagne. »

2° « 22 avril 1617. — Marie Meinard. — Indication des père et mère comme ci-dessus. — Parrain : René Regnault, écuyer, seigneur des Fontaines. — Marraines : 1° Laurence Acquet ; 2° Claude Irland. »

3° « 3 février 1618. — Bonaventure Meinard. — Mêmes indications de père et de mère. — Parrain : Bonaventure Irland, écuyer. — Marraine : Suzanne Irland. »

4° « 25 février 1621. — Mathieu Meinard. — Mêmes indications de père et de mère. — Parrain : Révérend Père en Dieu Jean Du Vergier de Haurane, abbé de Saint-Cyran. — Marraine : Catherine Irland. »

Tels sont les quatre enfants issus de ce mariage d'après ces registres. Le dernier que nous y trouvions est donc de 1621. Nous rappelons que la date assignée par l'épitaphe rapportée dans Dreux du Radier, à la mort de François

Meinard, est le 1er mars 1623. Les registres des actes de sépulture de la paroisse de Saint-Cybard n'existant pas plus pour cette période que le registre des actes de mariage, et ne remontant même pas au delà de 1630, nous n'avons pu constater l'exactitude de cette date que rien ne nous autorise à mettre en doute.

Ces actes de l'état civil ne sont pas seulement des preuves absolues en ce qui concerne la composition de la famille, la descendance de François Meinard, et l'orthographe certaine de son nom ; tous ces actes portant sa signature, remarquable par la fermeté et l'ampleur des caractères, autant que par le monogramme FM, qui la commence, et qui réunit la lettre initiale de son prénom F et la lettre initiale de son nom M.

Ces actes de l'état civil prouvent plus encore ; ils révèlent et établissent les illustres amitiés que nous avons annoncées et qui sont des titres d'honneur pour François Meinard.

Le dernier de ces actes n'est-il pas, à cet égard, d'une singulière éloquence ? Quel illustre parrain du jeune Mathieu Meinard, que « le Révérend Père en Dieu Jean Du Vergier « de Haurane, abbé de Saint-Cyran », dont nous avons vu la signature fine et distinguée au pied de cet acte, à côté du gros monogramme et des caractères décidés de la signature de François Meinard. Le condisciple à Louvain du célèbre évêque d'Ypres était l'ami et successeur à Saint-Cyran de l'évêque de Poitiers Chasteigner de la Rochepozay.

Le premier de ces quatre actes de baptême ne frappe-t-il pas singulièrement aussi par le nom des marraines, et surtout par celui de la veuve « de Louis de Sainte-Marthe, « lieutenant général en Poitou, écuyer, docteur en droit » !

Cette amitié de François Meinard et de l'illustre famille de

Sainte-Marthe est confirmée par un autre acte de baptême
que nous avons trouvé sur les mêmes registres à la date du
10 septembre 1618. François Meinard y figure comme
parrain de Pierre Barbarin, fils de Mathieu Barbarin,
seigneur de la Reynière, conseiller au présidial de Poitiers,
et de *Catherine de Sainte-Marthe*. La marraine de l'enfant
était, d'autre part, *Hilaire de Sainte-Marthe*, femme de
René Pigeonneau, écuyer, seigneur de Theil.

Nous citerons, dans le paragraphe suivant, une troisième
preuve d'une autre nature, des relations de François Meinard
avec la famille des Sainte-Marthe.

§ 8

RELATIONS DE VALENS ET DE MEINARD ET RAPPEL DES AMITIÉS ILLUSTRES DE FRANÇOIS MEINARD

En rectifiant et en complétant Dreux du Radier, nous n'a-
vons garde, ni de méconnaître ses grands services, sur le
sujet qui nous occupe, comme sur l'ensemble de l'histoire du
Poitou (puisque dès 1754 il a donné une grande partie
des éléments de la biographie de François Meinard), ni
de lui reprocher de n'avoir pas tout dit. L'histoire des
individus, comme celle des peuples, est à la fois l'œuvre des
hommes et du temps. Il faut réunir les documents épars,
les rapprocher, les soumettre de nouveau à une critique,
rendue, par ce travail d'ensemble, plus facile et plus sûre. En
ce qui concerne François Meinard, il a fallu, à travers
les temps, le concours multiple de Poitiers, d'Angers, de
Leeuwarde, et surtout de l'admirable Bibliothèque Nationale de Paris.

C'est encore à M. Boeles et à la Revue frisonne qu'est due
la révélation récente de l'amitié dévouée de Valens et de
François Meinard. Nous devons aussi renvoyer à cet égard
à l'article de M. Boeles et aux trois lettres intéressantes de
Valens, datées de 1629 à 1632, qu'il a découvertes et que
nous empruntons à la Revue « le libre Frison ».

Seulement, comme Valens, que M. Boeles dit peu connu
dans sa patrie, l'est encore moins en Poitou que dans la
Frise, nous allons donner sur ce savant quelques rapides
renseignements, par nous recueillis à la Bibliothèque
Nationale de Paris.

En effet, Pierre Valens, né dans la Frise (à Bédum, pré-
cise M. Boeles, dans la province de Groningue), devint professeur de langue grecque au Collège royal à Paris. Or ce
nom de *collège royal* a été la première dénomination du
grand et illustre établissement fondé par François Ier et qui
est devenu le Collège de France. Contrairement à François
Meinard, Pierre Valens a fourni une longue carrière; il
n'est mort à Paris qu'en 1641, âgé de 80 ans, et il a été
inhumé à Saint-Étienne-du-Mont.

Les catalogues de la Bibliothèque Nationale de Paris
n'indiquent pas moins de vingt publications diverses de
Pierre Valens. Nous avons constaté que quelques-unes
d'entre elles échappaient aux recherches, comme pour cer-
taines des éditions de Meinard, notamment un écrit intitulé :
« *Oratio solemnis habita in collegio regio quo die pedem in sede
cathedræ græcæ posuit* (1622, in-8°). » Nous désirions l'examiner parce qu'il donne la date exacte de sa nomination
à la chaire qu'il a occupée au Collège de France.

Nous avons pu au contraire obtenir facilement les ouvrages
suivants du même auteur : *Votum Deo optimo maximo pro*

salute regis christianissimi Ludovici XIII (Lutetiæ, 1627); — *Elogia æternæ memoriæ Ludovici XIII ob captam Rupellam, ob auctum conservatumque Francicum imperium* (Paris, 1629). »

En outre du discours en prose sur la prise de la Rochelle, ce dernier opuscule contient un éloge en vers latins, et des épîtres diverses sur le même sujet, dont l'une adressée au cardinal de Richelieu.

Il y a un écrit de 1621 intitulé *De laudibus Homeri;* un autre de 1623, *Lacrymarum Heracliti et risus Democriti;* un autre *Telemachus;* un autre *Certamen de honoris prærogativa Alexandri, Scipionis, Annibalis*, etc., etc.

Nous n'avons pas à donner ici une biographie de Valens qui n'intéresse le Poitou que par son amitié pour François Meinard et pour sa famille. Nous en avons dit assez pour indiquer ce qu'il était, et montrer à la fois combien étaient honorables ces sentiments pour les deux compatriotes devenus professeurs français, et le service qu'ont rendu par cette heureuse révélation M. Boeles et la Revue frisonne.

Ajoutons, pour terminer, et en rappelant la grande place que d'illustres relations, jusqu'à ce jour également ignorées, ont occupées dans la vie du professeur de Poitiers, un détail que nous avons omis en parlant de ce qui est pour nous le principal titre imprimé de François Meinard. L'exemplaire de la *Disputatio de juribus episcoporum* que possède la Bibliothèque Nationale porte sur le titre la signature manuscrite suivante : « de Sainte-Marthe ». Elle indique ainsi que cet exemplaire, avant de venir dans le grand établissement national de la rue de Richelieu, a passé par la bibliothèque des célèbres jurisconsultes poitevins, les Sainte-Marthe. Scévole de Sainte-Marthe ou Gaucher II de Sainte-Marthe, appelé par quelques auteurs le grand Scévole, président et

trésorier de France en la généralité de Poitiers, est mort à
Loudun dans le même mois que Meinard, le 19 mars 1623.
Que cette signature soit la sienne ou celle de l'un des siens,
c'est toujours un honneur pour François Meinard. Il ne
nous étonne pas, après tout ce que nous ont appris de leurs
relations les actes de l'état civil de l'ancienne paroisse de
Saint-Cybard de Poitiers.

Mais tous ces noms rapprochés pour la première fois,
de Du Vergier de Haurane, abbé de Saint-Cyran, des
Sainte-Marthe, et de François Meinard, sans oublier celui de
l'évêque de Poitiers, Chasteigner de la Rochepozay, et même
sans parler des Irland, de Liberge, de Pidoux et de Valens, ne permettent-ils pas de supposer chez notre collègue,
de 1610 à 1623, des idées, des tendances, une foi com-
munes avec de tels amis? Et puisque les souvenirs du Jan-
sénisme s'attachent naturellement à la plupart de ces
noms, pourquoi ne pas le constater en achevant cette longue
étude sur François Meinard? Ce n'est certes pas en
Hollande que l'on s'en plaindra ; et, pour tous pays, le
caractère de François Meinard emprunte au rappel de ces
illustres amitiés une auréole qui vaut bien celle dont ses
travaux peuvent entourer sa mémoire. Ces souvenirs, perdus
pendant longtemps et enfin retrouvés, ne peuvent-ils pas
aussi expliquer en partie les sympathies ardentes qui l'ont
soutenu dans le cours de sa carrière, les éloges qui lui ont
été prodigués après sa mort, ceux même de Dreux du Radier, et ce fait enfin que l'histoire locale, dans tant de provinces diverses, le Poitou, la Frise, l'Anjou, pour le louer,
au moins en partie, et l'Angoumois peut-être pour le mau-
dire, ait conservé le souvenir de son nom.

ANNEXES

I

ÉPITAPHE DE FRANÇOIS MEINARD
recueillie par Dreux du Radier

(Voir ci-dessus pages 8, 9, 10 et 38.)

EPITAPHIUM

Vin., Viator, scire cujus hæc ossa quiescant? Francisci Meynardi,
natione Frisii ex Stellinworffia J. U. CL. D. et Antecessoris celeber-
rimi in almâ Pictaviensi Academiâ, qui diù litteras bonas Professus,
tandem publicis disputationibus Clarissimi antecessoris voce Cathedram in bàc Universitate promeruit. Cui ob egregiam eruditionem
et doctrinam Christianissimus rex Ludovicus XIII mille Librarum
Pensionem annuam extra ordinem attribuit. Heu! Fatales Deæ non
diu hoc beneficio regio uti frui, siverunt. Annos natus LIII. magno
Reip. litterariæ damno, et bonorum mœrore, et Conjugis suavis-
simæ luctu in ædibus suis diem suum supremum obiit Kal. Mart.
sub horâ quintâ promeridianâ, anno Sal. rep. MDCXXIII. cui æternam
salutem precare. In æternæ pignus amicitiæ Joanna Irlanda Conjux
mœstissima posuit.

II

Article de M. W.-B.-S. BOELES, extrait de la Revue hollandaise « De Vrye Fries »

(Traduction donnée par M. BOELES.)

FRANCISCUS MEINARDUS

PROFESSEUR DE DROIT A POITIERS

Les seules choses qu'on a sues de cet homme en Hollande jusqu'à aujourd'hui sont qu'il était Frison, qu'il occupait une chaire à l'Université de Poitiers au commencement du xviiᵉ siècle et qu'il a publié quelques livres, dont le professeur G. de Wal nous donne les titres (1). Mais dans les trois lettres suivantes de Pierre Valens, professeur de la langue grecque à Paris, j'appris plus de détails sur sa vie.

Valens, homme peu connu dans sa patrie, naquit à Bédum, village de la province de Groningue. En 1538, il alla à Paris pour y faire ses études; il y obtint le degré de *magister artium*, puis le droit de cité, et, après avoir enseigné à plusieurs institutions académiques, il fut nommé professeur au Collège royal en 1609 (2).

Lesdites lettres ne sont pas les originaux, mais des copies prises par S. A. Gabbema; elles se trouvent dans ses archives, gardées par la Société scientifique de la Frise. La première, qui date du 20 jan-

(1) G. de Wal, *De claris Frisinc Jureconsultis*, p. 192, 442.
(2) Nicéron, XXXVI, 382 ; Paquot, I, 290.

vier 1629, est ad'essée à Sierck Fritzum, qui demeurait alors à Leide, un de ses anciens compagnons de table aux collèges de Dôle et de Paris ; la seconde, du 26 mai 1629, et la troisième, du 15 octobre 1632, sont adressées au cousin de celui-ci, Guilaume Staackmans. Des intérêts pécuniaires font l'objet de cette correspondance.

Valens prenait à cœur les intérêts de la veuve de Franciscus Meinardus." nous raconte que son amitié avec celui-ci datait du temps qu'ils allaient ensemble au lycée de Groningue. Ses qualités aussi bien que ses capacités, dont il avait fait preuve en dirigeant plusieurs collèges de disputes publiques à Poitiers, lui y valurent une chaire que la mort du professeur Irlandus avait rendue vacante.

Ayant épousé la fille de son prédécesseur, il ne songeait plus à retourner dans sa patrie. Or, pendant qu'il était installé à Poitiers, son père mourut, dont il fallut partager l'héritage avec ses frères, l'un desquels se nommait Petrus Meinardus.

Le « grietman » (maire) de Weststellingwerf, *Marcus Lycklama*, à *Nycholt*, veillait ses intérêts pendant ce partage. Il avait déjà envoyé la moitié de ce qui revenait à Meinardus à Valens, qui, — Meinardus étant mort pendant ce temps, — l'avait fait parvenir à la veuve et aux enfants légitimes. Après que Lycklama fut mort aussi, avant qu'il pût transmettre la seconde moitié, les parents de Meinardus défendirent à sa veuve d'envoyer le reste de l'héritage à Paris ; une interdiction complètement immotivée, écrivit Valens, les enfants de Meinardus étant légitimes, témoin les actes publics qu'on avait envoyés dans la Frise.

A cause de ces faits on eut recours à Staackmans, qui devait, en collaboration avec Joh. Saeckma et l'avocat Hartius, mener cette affaire à bout.

Avant de tirer des conséquences de ces lettres, il me reste encore à donner les titres des différents écrits de Meinardus, comme je les ai sus du professeur de Wal :

1° *Regidicium detestatum, quæsitum, præcantum.* Augustoriti Pictonum, 1610. In-8° ;

2° *Disputatio de juribus Episcoporum*, ad cap. XVI, De Officio judicis ordinarii. Pictavii, 1612 (ou 1613). In-8° ;

3° *Orationes legitimæ sive δικαιολογιαι tres* : De visco Druidarum

Jurisprudentiæ symbolo ; De templo Justiniani Romanæ justitiæ dicato ; *De gemino reipublicæ Christi*. oculo. August. Pict., 1614.

Meinardus était donc originaire d'un village de *Weststellingwerf*, département dont *Wolvega* est le chef-lieu. *Je n'ose pas conclure* desdites lettres qu'il naquit à Wolvega. Considérant qu'on rencontre plusieurs fois aux XVI° et XVII° siècles le nom de Meinardus, la supposition me paraît trop hasardée qu'il appartenait à la même famille que Nicolaus Meinardus, originaire du village Blesdyke, le beau-fils et en même temps le biographe de David Joris.

Notre Meinardus a donc probablement fait ses études préparatoires au lycée de Saint-Martin, à Groningue, institution toujours fréquentée par nombre de Frisons. Valens en suivait les cours en même temps que lui, entre 1580 et 1590, pendant que cette ville appartenait aux Espagnols. On ne le trouve pas parmi les étudiants de Franeker. Je l'ai rencontré de nouveau à Poitiers, lorsqu'il y publia en 1610 l'ouvrage *Regidicium detestatum*, etc. Il devait alors y être déjà professeur et marié depuis peu de temps.

Marcus Lycklama étant mort le 9 août 1625 et ayant envoyé avant sa mort la moitié dudit héritage à Valens, il en résulte que Meinardus doit être décédé avant Lycklama, à l'âge de 55 ans environ. Valens mourut en 1641, dans un âge avancé. S'il a réussi oui ou non de faire parvenir le reste de l'héritage à la veuve de Meinardus, — une recherche sur ce point m'a paru une perte de temps inutile.

B.

III

PIÈCES JUSTIFICATIVES

DE L'ARTICLE DE M. BOELES

Publiées à la suite dans la Revue « De Vrije Fries ».

1°

Clariss. Viro D. Cyriaco Tritzum Petrus Valens,
Frisius Groning.
Professor Graec. Lit. Regius Lut. Paris.
S. P. D.

Leidam.

Ecce qui ad te venit V. Cl. nuncius Leidensis est, is me de tua valetudine certiorem fecit, quo gratius accidere nihil mihi potuit. Haec ad te scribo, ea lege ut ad me rescribas. Paucis vero multa in hac epistola complectar. Vivo et valeo, doceoque in collegio Lexoveo prope S. Genovefam. D. de Villers vivit et valet, liberos habet sequioris sexus. Animus mihi est proxima aestate invisere vos, si Dominus Deus vitam proroget. Negotia mihi sunt in Frisia *tot Wolvega;* ibi quidem nomine Lambertus Petri, qui studuit olim Franekerae tempore cuiusdam Lubberti Theologi. Is Lutetiae mecum habitavit annos duos et pene sex menses; debet pro pensione ccccLxxx libras. Discessit Lutetia Anno cɪɔɪɔcvɪɪ in Italiam. Sed coram notarijs obligavit se mihi, se soluturum cum omnibus impensis et damnis. Post tempus illud nihil de illo potui rescire : puto obijt. Annorum xxv erat, puto obijsse illum in Italia, nam in Frisiam nunquam redivit. Haeredes relicti bona partiti sunt. Ego scripsi ut pensio mihi solvatur. Responderunt se soluturos modo obligationem mittam. Copiam mihi signatam sigillo praetoris Urbani contenti non sunt, ipsam obligationem videre volunt. Quid censes ? quaeso ad me rescribas. Praeterea res mihi est cum vidua D. Marci à Lycklama, qui

octingentas libras habet in manibus, quas transcribere vellet ad me
Lutetiam, si tuto posset, ad viduam defuncti D. Meinardi mittendas.
Illum virum si nosti ad me scribe per nuncios Lutetiam proficis-
centes. Vale ex Lexoveo cɪɔɪɔcxxɪx-xx Janu. Stylo Rom.

2º

NOBILISS. CLARISSIMOQUE VIRO

D. Gul. Staackmans,
consiliario sapientiss. Ordinum.

Visis literis tuis, Vir Ampliss. quas ad me destinasti per manus
D. Cyriaci de Tritzum, miratus sum ; perlectis mirari pene desij, et
cognovi caussam cur ad me, nihil tale merentem, literas benevo-
lentiae studijque plenas miseris, pro quo tuo in me animo ac pro-
lixo studio, non quas debeo, sed quas possum gratias ago; maiores
etiam habeo, relaturus si usquam aut umquam sese ostenderit oc-
casio. Scripsisti ad me de negotio quodam meo, quod mihi est in
Frisia in *Wolvega,* cum quodam Lamberto Petri, alias Embrodeval,
ut se cognominabat Lutetiae, qui mihi cohabitavit ultra biennium,
et pro pensione debet ccccLxxxɪx libras Francicas, seque, discendens
Lutetia, obligavit coram notarijs publicis regijs, ut mos est in Gallia
se summam istam, cum primum ad lares reversus esset, ad me suo
periculo et sumtibus missurum, copiam originalis mitto notario-
rum manu subscriptam, sigillo praetorio munitam, ne ulla fraudis
aut doli suspicio subesse possit. Nescio num tibi notus sit.
Lambertus hic noster, nam Franekerae juri civili operam nava-
verat annos aliquot, et multa mihi narravit de quodam Lubberto
Theologo Academiae Franekeranae. Discessit a me anno cɪɔ.ɪɔc.vɪɪ
circa Id. Jun. ni fallor; unicus erat domi heres masculus. Sorores
habebat binas, quae hereditatem adierunt, matre, ut credo, iam de-
functa, nam pater eius jam decesserat. Accepi alias ex Frisia literas
a quodam Petro Meinardi, Francisci Meinardi fratre, jurisconsulti et
Doctoris Pictaviensis; cuius vidua rem habet cum vidua defuncti
M. Lycklama, viri doctissimi, et judicis in *Wolvega,* qui saepius ad
me scripsit de pecunijs quibusdam residuis debitis defuncto Fr.

4

Meillardo, qui tibi ignotus, ut video, non est. Non satis capio, quae caussa tantae morae, cur hoc librae non transcribantur Lutetiam ad me, nam pecunia illa paratissima est. Velim huius rei caussam rescissere ex aliquo. Praeterea quid spei de mei Lamberti pensione; nam nemo, ut puto, succedit in cuiusquam bona, nisi deducto aere alieno. Volunt videre, ut aiunt, fratris manum, sed notarijs non licet tradere periculum, sine periculo. Copiam transmitto ita recte et ordine scriptam fide publica, et manu actuariorum subscriptam, sigillo praetoris Parisiensis munitam, quae si vim non habent apud nos, nescio, qua via ac ratione, quod puto consequar. Sed doleo, quod tibi viro Cl. πρᾶγμα παρέχω. Sed quia ultro studium et operam obtulisti, non recuso. D. de Tritzum mihi in Gallia olim notissimus ob convictum usumque vitae hanc mi.i ad te scribendi fiduciam peperit. Si jure aliquid in tribunali Leowardiensi obtineri possit, vellem; ibi est advocatus mihi notus D. Hartius, qui ad me scripsit alias. Si quid obtinere possem, Domino omnem potestatem agendi facio et accipiendi, si quid lite peracta nobis vi instrumentorum adjudicetur. Modo sit in re, de meo jure dubitare nemo potest.

Est praeterea ibi Tarquinius Solcama et Meinardus Renckom in *Wolvega*, qui noverunt, ni fallor, debitoris mei heredes. Si forte opus esset pecunia aliqua in lite persequenda, vellem Dom. us admoneat D. Tritzum, si modo sunt solvendo (quod scire magnopere curio) tus meum certissimum est. Vale V. Cl. et ignosce, et si fieri potest literas tuas Leidam cures, inde facile ad me Lutetiam perferuntur. Lutetiae Paris. die xxvi Maij ciɔiɔcxxix.

Tuae dignitati addictiss.

P. VALENS,
Gr. Lit. Professor Regius.

3º

*P. Valens G. Staackmans V. Cl. in consilio
Ordinum S. P. D.*

Ultra annos xxx Avunculus tuus Tritzum in Gallia mihi innotuit, et Dolae communi mensa per aliquot menses usi sumus, et postea

Lutetiae Paris. Ea res fecit, ut ad te tam fidenter scripserim. Redditae mihi sunt literae tuae Lugduno Bat. ad me datae xvi Kal. Quinctil., quae quam iucundae fuerint, dici a me vix potuit. Rescripsi illico ad te Vir Cl., at nescio quo in statu res sint, et quem exitum habiturae.

Vellem, si fieri posset, ut tua ope et commendatione ɪɔcc. librae Francicae residuae ex summa mille quingentorum transcribantur ad me Lutetiam Paris. Pecunia haec est in manibus viduae D. Marci à Lycklama, quae residua est ex cretione haereditatis, seu sortis paternae. Nam piae memoriae Franciscus Meinardus, vir insigni virtute et sapientia occupans publicis disputationibus cathedram in universitate Pictaviensi defuncti cuiusdam Irlandi Antecessoris, quo factum est, ut simul cum cathedra filiam defuncti ICti duceret, animumque in Frisiam redeundi abjecerit, et cum Fratribus hereditatem creverit. Ad eam vero rem opera Marci à Lycklama usus est, qui cum propinquis convenit, et negotium illud omne in se recepit, et ad me dimidiam partem summae, id est ɪɔcc libras Francicas transcripsit Lutetiam, quas ego curavi ad viduam defuncti Meinardi et liberos eius ex iustis nuptijs ei agnatos. Interim D. Marcus à Lycklama illius loci index fatis concessit, atque is casus moram attulit rebus his. Nam vidua D. à Lycklama a propinquis defuncti Meinardi impedita, ne residuum, ɪɔcc librarum transcriberetur ad me Lutetiam. Sest iudicatum est (ut credo) ut reddant. Itaque exspectamus, cambium persolutum est, et periculo jam defuncti D. à Lycklama pecunia ista huc ad me perferri debet. Habet namque defunctus Fr. Meinardus liberos heredes ex iusto matrimonio, ut publicis tabulis in Frisiam transmissis constat. Nunc autem oratum volo Dominum Staackmans, ut hac in re pupillorum rem salvam esse velit, et efficere cum D. Saackma et Hartio, ut tuto ad me curetur Lutetiam ista pecunia per mensarium. Vidua defuncti Meinardi suspicatur mea culpa huic negotio moram tantam necti, quod plane aliter se habet, magis ea res me sollicitum habet, quam si mea esset. Itaque cuperem vel maxime, ut ista res quam citissime conficeretur, et ego suspicione et negligentiae culpa liberarer, quod beneficium V. Cl. si et mihi et liberis pupillis defuncti Fr. Meinardi, egregij ICti et Doctoris dederis, tibi non minus quam parenti defuncto debituri sunt. Res ea me maximae sollicitat, ob notitiam defuncti Meinardi, quae a puero mihi Groningae studenti cum eo fuit. Tu hac in re omnia potes Vir Cl. itaque spero fore, ut tua commendatione omnis ista sollicitudo ex animis nostris eximatur. Si his in partibus opera mea usui vobis esse posset, eam promtam et paratam invenietis. De meo debitore Lamberto, vix video, quem exitum res ea habitura sit. Ipse heres unicus masculus in sua familia, obstrictus coram notarijs publicis regijs ob pensionem biennij mihi debitam et sex mensium. Haeredes eius, id est sorores (ut accepi) in mora sunt, nec libenter solvent. Caussam haud video. D. Hartius patronus meo nomine litem illam persequitur, qui finis eius futurus sit ἐν θεῶν γούνασι κεῖται. Vale V. Cl. et ignosce qui tantam molestiam tibi exhibeo. Lutetiae Paris. Id. Octob. ƆIƆIƆCXXXII.

TABLE DES MATIÈRES

01231. — Poitiers, imprimerie Blais, Roy et Cie, rue Victor-Hugo.

Extrait des Mémoires de la Société des Antiquaires de l'Ouest
Tome XIV de la deuxième série (Année 1891).